VENTE
Du Jeudi 6 Février 1908
HOTEL DROUOT, SALLE N° 6
A DEUX HEURES 1/4

EXPOSITION PUBLIQUE
Le Mercredi 5 Février 1908
DE 2 HEURES A 5 HEURES

✱

TABLEAUX ANCIENS

DES

DIFFÉRENTES ÉCOLES

DES

XVI°, XVII° et XVIII° SIÈCLES

CHAISE A PORTEURS

M° F. LAIR-DUBREUIL
COMMISSAIRE-PRISEUR

M. ARTHUR BLOCHE
EXPERT PRÈS LA COUR D'APPEL

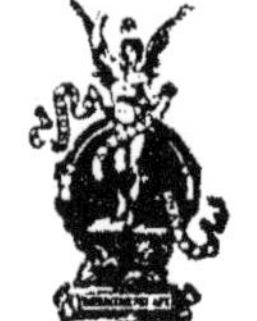

CATALOGUE

DES

TABLEAUX ANCIENS

DES

Écoles Primitives

DES

XVIᵉ, XVIIᵉ & XVIIIᵉ SIÈCLES

Par ou attribués à

BERCHEM, PHILIPPE DE CHAMPAIGNE, CŒLLO,
NOEL COYPEL, ALBERT CUYP, DANLOUX, DETROY, DIÉTRICH, DROUAIS,
VAN DYCK, ELIAS, GREUZE, VAN KEULEN,
LAWRENCE, LÉPICIÉ, VAN LOO, NICOLAS MAAS, MAINARDI, MARIESCHI,
JEAN METSYS, MIGNARD, MONNOYER, G. MORLAND, VAN ORLEY,
JEAN STEEN, DAVID TENIERS, TOCQUÉ, VAN UDEN, VAN DE VELDE.

Chaise à Porteurs, Décor en camaïeu

Attribuée à LE PRINCE

Et dont la Vente aura lieu

HOTEL DROUOT, SALLE Nᵒ 6

LE JEUDI 6 FÉVRIER 1908, à 2 heures 1/4

Mᵉ F. LAIR-DUBREUIL	**M. ARTHUR BLOCHE**
COMMISSAIRE-PRISEUR	EXPERT PRÈS LA COUR D'APPEL
6, rue Favart	52, rue de Châteaudun

Chez lesquels se distribue le présent Catalogue.

EXPOSITION PUBLIQUE

Le Mercredi 5 Février 1908, de 2 heures à 6 heures

CONDITIONS DE LA VENTE

Elle sera faite au comptant.

Les adjudicataires paieront *dix pour cent* en sus des enchères.

Paris. — Imp. de l'Art, Ch. Berger et Cⁱᵉ, 41, rue de la Victoire.

DÉSIGNATION

TABLEAUX

BERCHEM

1 — *Le Vieux Pont.*

Dans un paysage d'Italie très montagneux à gauche, très clair à l'horizon ; sur le pont de pierre traversent des personnages et des troupeaux, à gauche un fermier au milieu de ses ânes, bœufs et moutons. Plus loin, des cavaliers. Une statue de marbre décore l'entrée du pont. Le fleuve coule en cascade.

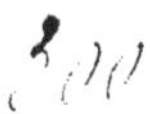

Petit tableau délicat, éclairé par un joli effet de soleil.

Signé en bas.

Toile. Haut.. 35 cent.; larg.. 42 cent

BERGHEM

2 — *La Halte.*

Au bord d'un fleuve qui arrose un riant paysage et dont les rives accidentées se perdent dans l'infini, un groupe de paysans, une fermière sur son âne, sont arrêtés et causent. Autour, dispersés, des bœufs, des vaches, des moutons, des chèvres. A droite, s'engageant sous bois un cavalier et des animaux.

Signé en bas à gauche.

Bois. Haut., 67 cent.; larg., 77 cent.

BOILLY (Attribué à)

3 — *Portrait présumé d'Ampère.*

Signé et daté : 1807.

Toile. Haut., 55 cent ; larg., 42 cent.

BOTH (Jean et André)

4 — *Une Halte.*

Devant des rochers abrités par des arbres, des chasseurs et un cavalier se sont arrêtés. Au bord de la rivière qui se dessine à droite, un personnage se désaltère.

Toile. Haut., 60 cent.; larg., 87 cent.

BOUT ET BOUDEWYNS

5 — *Le Débarquement du poisson.*

Dans un riant paysage traversé par un fleuve, de nombreux pêcheurs et pêcheuses circulent, causent, débarquent des poissons; à gauche, des cavaliers. Il règne dans cet agréable tableau une animation générale.

Toile. Haut., 57 cent.; larg., 67 cent.

CHAMPAIGNE (Attribué à Philippe de)

6 — *Portrait d'un Abbé.*

Regardant de face, physionomie pleine d'esprit
et de bonté.
Cadre ancien bois sculpté et doré.

Toile ovale. Haut., 75 cent.; larg., 64 cent.

CŒLLO (Attribué à)

7 — *Portrait de Jeune Dame de qualité.*

Représentée de face, à mi-corps, en robe de
velours noir, à transparents de manches de brocart
clair, avec collerette tuyautée garnie de dentelle,
parée de joyaux.

Toile. Haut., 65 cent.; larg., 52 cent.

COQUES (Attribué à Gonzalès)

200
50

8 — *Portrait de Jeune Dame de qualité.*

Représentée en pied, costume Louis XIII.

Cuivre ovale. Haut., 22 cent.; larg., 17 cent.

COYPEL (Attribué à Noel)

9 — *Vénus au bain.*

1000
430

La belle déesse est assise au bord d'un clair ruis-
seau sur un tertre recouvert d'étoffes blanche et
bleue, regardant deux colombes qui se becquettent
et sans se soucier de l'amour qui entoure son pied de
liens délicats.

Toile. Haut., 98 cent.; larg., 74 cent.

CROES

10 — *Les Bords de l'Escaut.*

400

Les rives souriantes animées de moulins s'étendent à l'infini. Des barques avec des pêcheurs
sillonnent le fleuve.

Bois. Haut., 37 cent.; larg., 50 cent.

CUYP (ALBERT)

11 — *Portrait présumé de Philippe IV d'Espagne, à l'âge de douze ans.*

Représenté de face, tenant son chapeau de la main droite et ses ga.. is dans la main gauche, en costume brun à col et parements garnis de dentelle blanche, ses longs cheveux tombant sur ses épaules.

On lit à gauche : *Ætatis 12, 1641.*

Tableau d'une belle facture.

Bois. Haut., 1 m. 58 cent.: larg., 1 m. 3 cent.

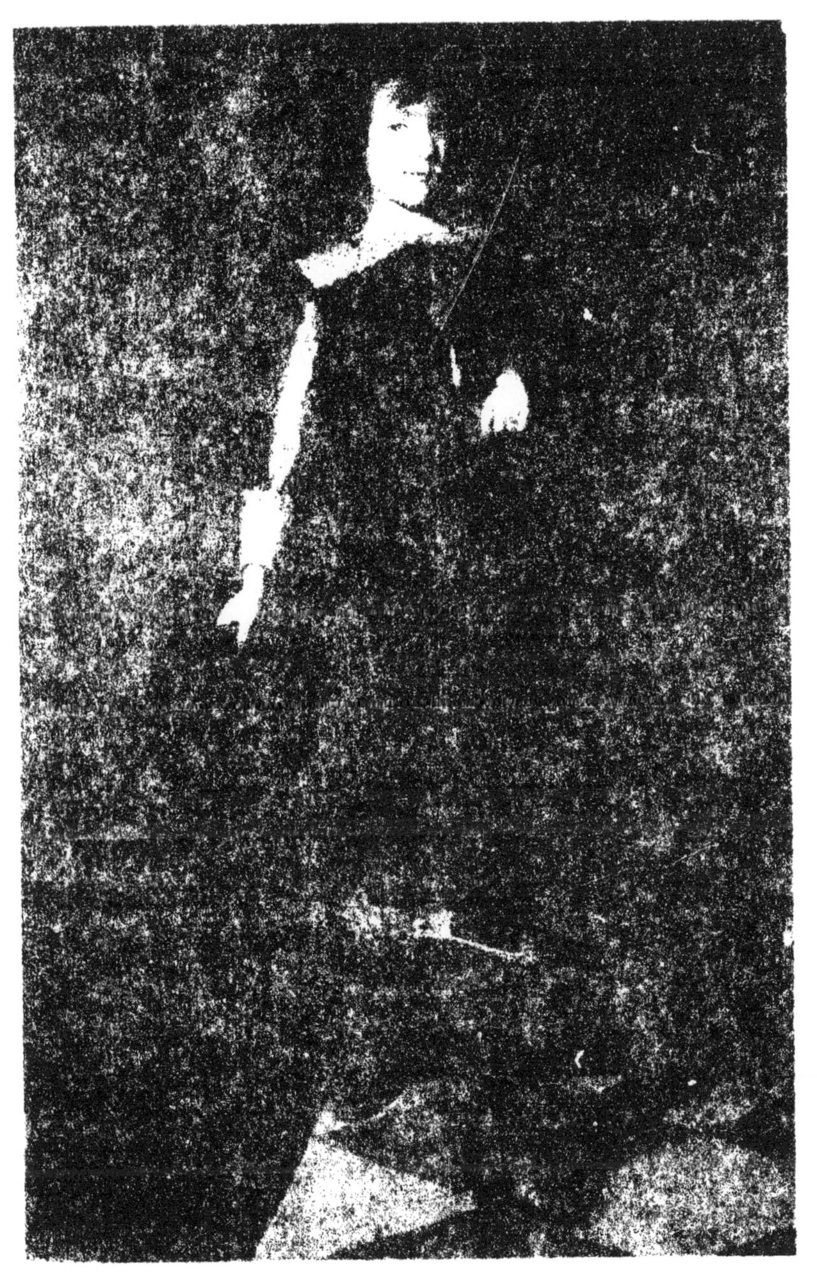

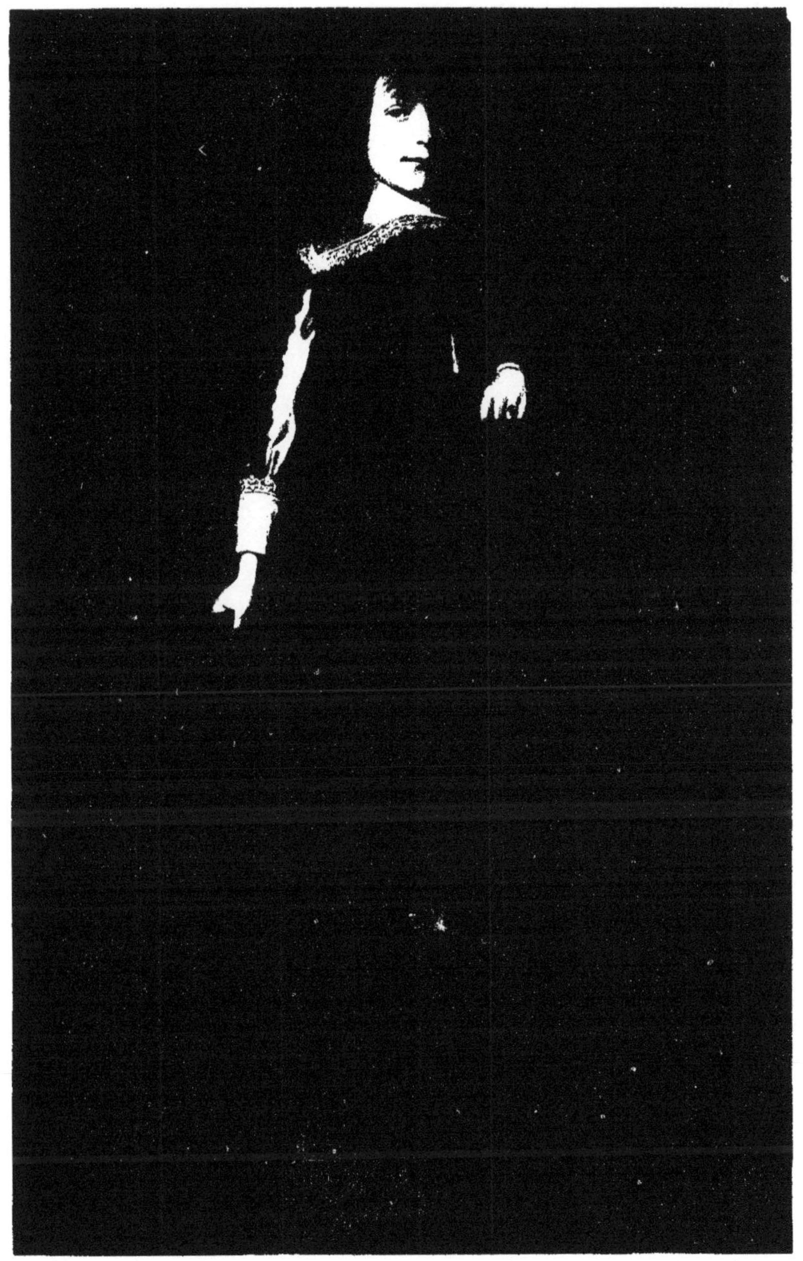

Portrait présumé de Philippe IV

ALBERT CUYP

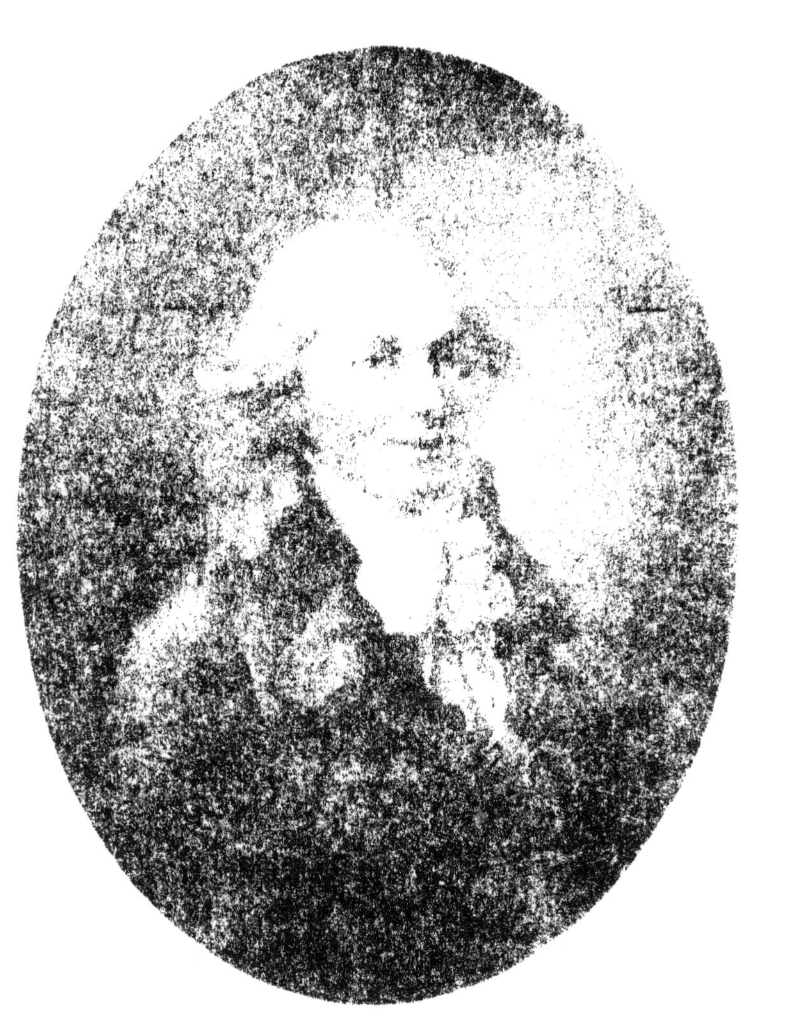

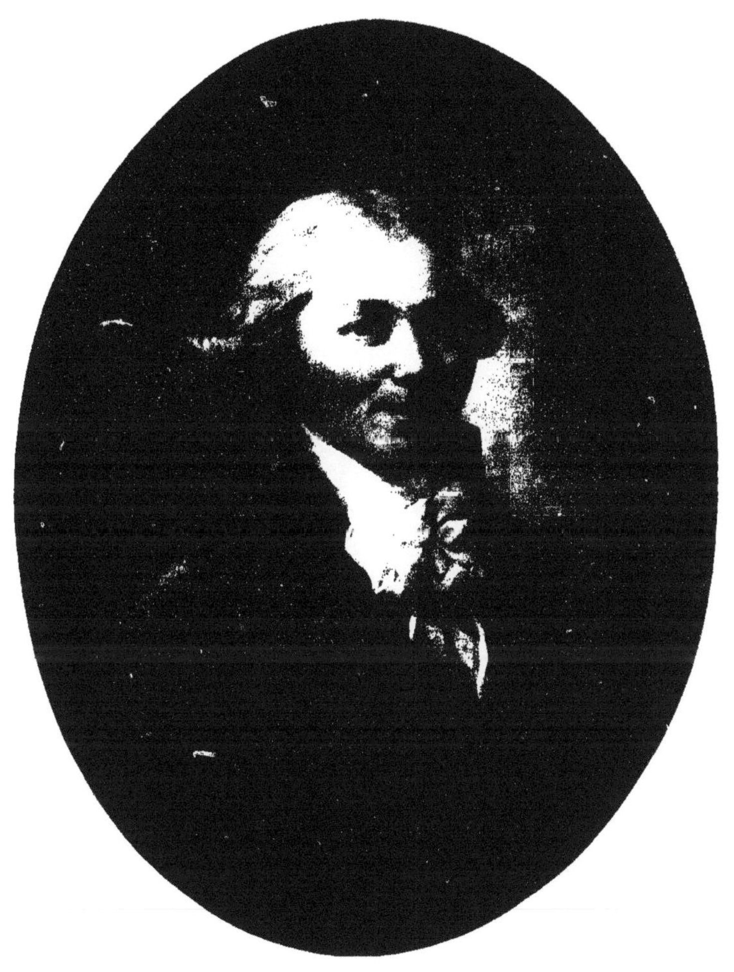

Portrait d'un gentilhomme anglais
de Pierre DANLOUX

DANLOUX (Pierre)

12 — *Portrait d'un Gentilhomme anglais.*

En habit vert clair, gilet blanc, cravate bouffante, regardant presque de face.

Tableau d'une belle facture.

Cadre bois sculpté ancien.

Toile ovale. Haut., 76 cent. ; larg., 60 cent.

DETROY (Attribué à François)

13 — *Portrait de Dame de la Cour.*

Assise dans un parc, tenant son petit chien sur les bras. Regardant presque de face, un gracieux sourire effleure ses lèvres, élégamment enveloppée dans un manteau de velours bleu à larges manches ouvertes, doublé de brocart jaune d'or, un bouquet de fleurs au corsage coquettement décolleté.

Cadre en bois sculpté.

Toile. Haut., 80 cent.; larg., 65 cent.

DIETRICH (Guillaume)

14 — *Diane et ses nymphes au bain.*

C'est au moment où Actéon les surprend. La déesse, effrayée par un mouvement pudique, cache précipitamment sa nudité; ses nymphes, troublées, regardent le hardi chasseur qui arrive précédé de trois lévriers.

Composition de dix personnages.

(Œuvre agréable et d'une belle facture.

Toile. Haut., 1 mètre; larg., 1 m. 25 cent.

DROLLING (Attribué à)

15 — *Le Sellier.*

Toile. Haut., 26 cent.; larg., 33 cent.

DROUAIS (Attribué à Hubert)

16 — *Portrait de Dame.*

Coiffée d'un coquet bonnet de dentelle, à brides de soie noire. En robe de soie jaune bordée de fourrure, corsage ouvert, avec nœuds de moire blanche et bleue.

Provenant de la Collection du Marquis de Fuente Hermosa, de Madrid.

Toile ovale. Haut., 60 cent.; larg., 47 cent.

VAN DYCK (Attribué à)

17 — *Le Prince Guillaume d'Orange.*

Représenté enfant en robe bleue, tenant un faucon
sur sa main gauche, accompagné de deux grands
chiens.

Toile marouflée. Haut., 67 cent.; larg., 50 cent

ELIAS (Attribué à)

18 — *Portrait de Gentilhomme.*

Debout, tenant ses gants dans la main gauche et
son chapeau de la main droite. Tout de noir habillé
en velours ciselé, avec forte collerette blanche à
quadruple tuyautage. Regardant presque de face, le
visage encadré d'une barbe blonde grisonnante,
taillée en pointe.

Très beau tableau.

Bois. Haut., 1 m. 22 cent.; larg., 90 cent.

EVERDINGEN (Attribué à)

500
200

19 — *Les Chaumières.*

Paysage arrosé par une cascade et animé d'un cavalier et d'autres personnages.

Signé en bas à droite.

Toile. Haut., 53 cent.; larg., 63 cent

FLINK (Attribué à GOVAERT)

300
150
Mersch

20 — *Portrait de Jeune Femme.*

Coiffée d'un toquet à plumes, habillée d'une robe de velours noir à crevés rouges; col de linge blanc rabattu sur le corsage.

Bois. Haut., 55 cent.; larg., 43 cent.

FYT (Attribué à JEAN)

21 — *Chien et gibier mort.*

Toile. Haut., 52 cent ; larg., 62 cent.

GOYA (Attribué à)

22 — *Portrait de Femme.*

En robe noire décolletée en carré avec guimpe blanche, coiffée d'un bonnet ruché. Tenant un message dans les mains.

Toile. Haut., 41 cent.; larg., 32 cent.

GREUZE (Attribué à)

23 — *Portrait de Jeune Garçon.*

Cheveux blonds tombant en boucles. La tête légèrement inclinée vers la droite, habillé d'une veste bleue laissant entrevoir sa chemise ouverte sur sa poitrine.

Cadre en bois sculpté.

Toile ovale. Haut., 46 cent.; larg., 38 cent.

HÉDA (Genre de)

24 — *Nature morte.*

Des pêches, pâté, citron, grands verres sur une
table.

Bois. Haut., 42 cent.; larg., 66 cent.

HUBERT (Robert)

25 — *La Grande Arche.*

On voit, à travers, palais et temple en ruines sur la
rive d'un fleuve qui s'étend à droite à l'infini. A gauche, au premier plan, un groupe d'Enlèvement sur un
socle en marbre.

Gouache signée à droite du monogramme : H. R.
Cadre en bois sculpté et doré Louis XVI.

Haut., 52 cent.; larg., 67 cent.

JANSON VAN KEULEN (Janssens dit)

26 — *Portrait de Grande Dame.*

Représentée de face, la tête légèrement tournée vers la gauche. Retenant de la main gauche son manteau qui laisse voir son corsage décolleté. Ses beaux cheveux noirs tombent en longues boucles sur ses épaules.

Superbe facture.

Provient de la célèbre galerie Spada, à Rome.

Toile. Haut., 61 cent.; larg., 51 cent.

JANSON VAN KEULEN (Janssens dit)

27 — *Grande Dame.*

Assise sur un fauteuil de cuir clouté, en robe de
velours et satin noir à passementeries et boutons
d'or, corsage ouvert en carré, coiffée à la Ninon,
ses longues boucles de cheveux noirs tombent sur
ses blanches épaules. Parée de perles, tenant des
fleurs dans la main gauche et la main droite gracieusement posée sur le fauteuil.

Cadre bois sculpté et doré.

Toile. Haut., 1 m. 27 cent ; larg., 1 m. 3 cent.

LAWRENCE (Attribué à Sir Thomas)

28 — *Portrait de Sir Twyritt Drake of Drac-kilœs (Scotland).*

> Représenté à mi-corps, la tête tournée vers la gauche, l'habit marron foncé boutonné droit, éclairé par le transparent du gilet jaune et haut cravaté de blanc.
>
> Très belle facture.
>
> Cadre en bois sculpté et doré.
>
> Toile. Haut., 76 cent.; larg., 63 cent.

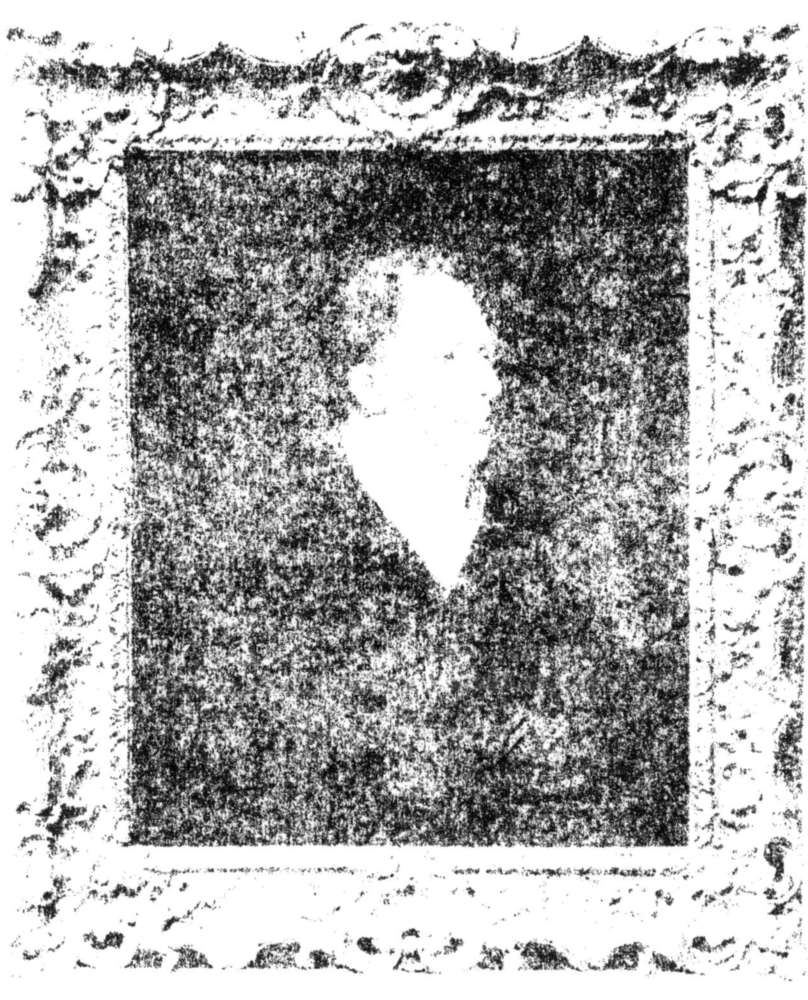

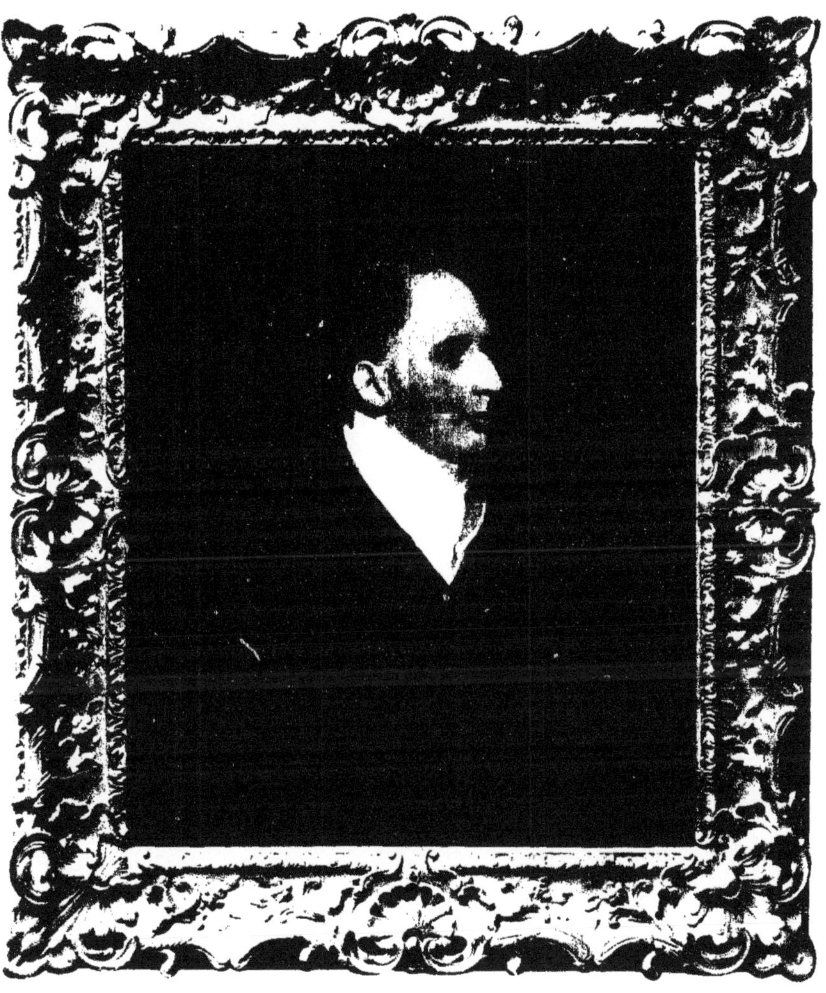

Portrait de Sir Tyrwritt Drake of Drackiloes, attribué à
Sir THOMAS LAWRENCE

LÉLY (Attribué au Chevalier)

29 — *Portrait de Jeune Femme de la Cour d'Angleterre.*

> Regardant vers la gauche, parée de perles.
> Provenant de la Collection John Ashley.
> Cadre en bois sculpté et doré.

Toile. Haut., 54 cent.; larg., 42 cent.

LÉPICIE (Attribué à)

30-31 — *Portraits de Petite Fille et Petit Garçon.*

> Cadres anciens en bois sculpté et doré.
> Deux pendants.

Toiles. Haut., 46 cent.; larg., 38 cent.

VAN LOO (Carle)

32 — *Portrait présumé du Maréchal de Saxe.*

A mi-corps, en costume de guerre, avec grand manteau amplement drapé, regardant de face et donnant de la main droite un ordre ou une indication.

Toile. Haut., 95 cent.; larg., 75 cent.

VAN LOO (Attribué à Michel)

33 — *Portrait d'un littérateur de l'époque.*

Représenté debout, tourné vers la gauche, s'appuyant de la main droite sur des livres empilés, l'autre main élégamment posée sur la hanche. En habit gris avec jabot et poignets de dentelle blanche, un manteau bleu négligemment drapé sur ses épaules, perruque poudrée ; la tête presque de face.

Cadre en bois sculpté et doré.

Toile. Haut., 1 mètre ; larg., 80 cent.

MAAS (Nicolas)

34 — *Portrait de Dame de qualité.*

Debout, en robe de satin blanc, avec manteau brun
drapé sur les épaules, près d'une pièce d'eau à
dauphin, dans un parc ombragé.
Jolie facture.

Toile. Haut., 48 cent.; larg., 40 cent.

MAAS (Attribué à Nicolas)

35 — *Portrait du Prince d'Orange.*

Regardant de face, habillé dans un ample manteau
brun, la chemise ouverte laissant voir la gorge,
coiffé d'un grand chapeau.
Cadre en bois doré.

Toile ovale. Haut., 74 cent.; larg., 60 cent.

MAINARDI (Attribué à Francesco)

36 — *La Vierge tenant l'Enfant Jésus est assise sur son trône.*

> D'un côté se tient debout Saint Roch et de l'autre Saint Sébastien ; aux pieds de la Vierge, le petit Saint Jean.
> Cadre en bois.
>
> Bois. Haut., 1 m. 85 cent.; larg., 1 m. 49 cent.

MARIESCHI

37-38 — *Vues de Venise.*

> Animées de gondoles et de nombreuses figures.
> Deux pendants.
> Cadres en bois sculpté et doré.
>
> Toile. Haut., 57 cent.; larg., 88 cent.

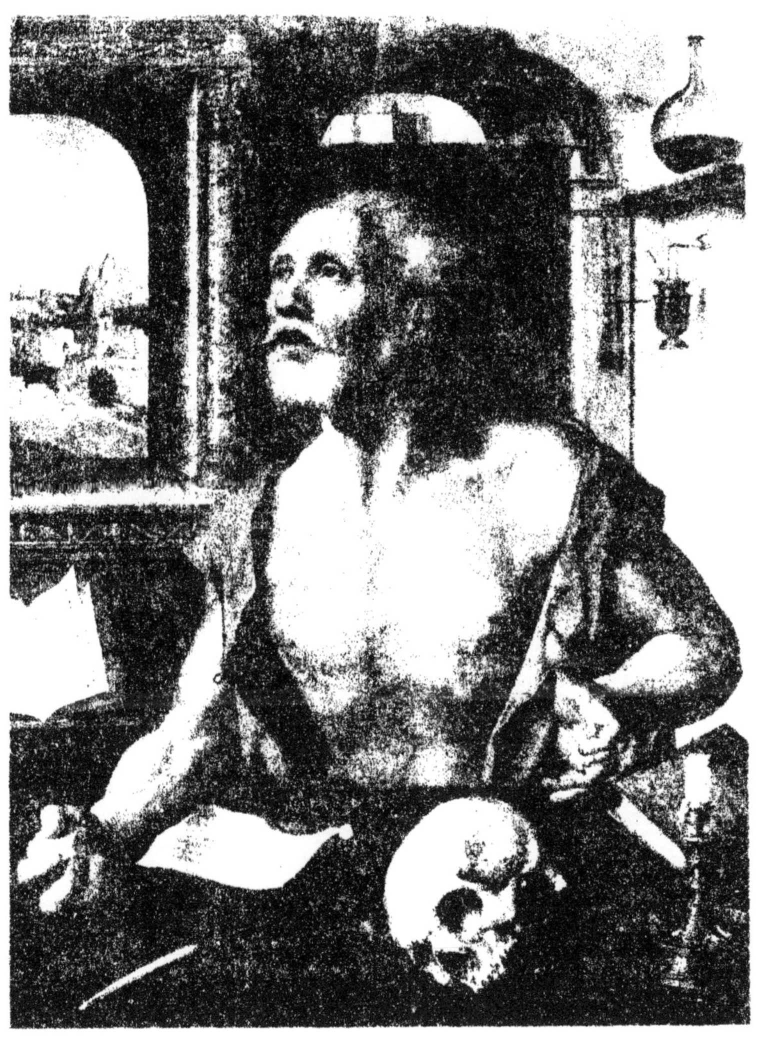

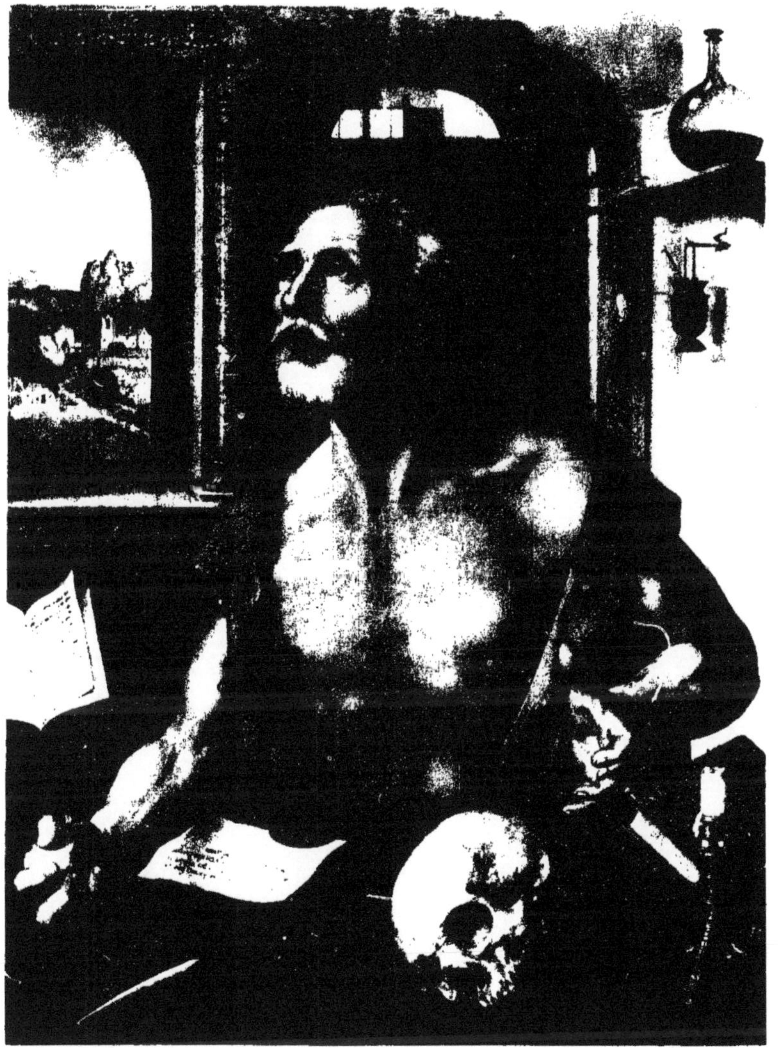

Saint Gérôme, de Jean METSYS

METSYS (Jean)

39 — *Saint Gérôme en extase.*

Le corps presque nu, assis devant une table
sur laquelle sont épars une tête de mort, un ma-
nuscrit ouvert, un chandelier, un livre fermé, dans
l'attitude de l'extase la plus complète; à gauche par
une fenêtre on découvre un charmant paysage, aux
murs et sur des planchettes à droite des alambics,
un mortier, au fond en haut, dans un cartouche, on
lit la date: *1530*.

Bois. Haut., 68 cent. ; larg., 51 cent.

MIGNARD (Attribué à Pierre)

40 — *Portrait présumé de Mme de Montespan.*

En costume de soie blanche, les épaules nues, un manteau de velours bleu brodé d'or drapé autour d'elle. Dans une attitude des plus gracieuses, la main gauche sur sa poitrine, de la main droite indiquant son chien favori à l'amour penché sur son épaule ; elle semble écouter complaisamment ses conseils ; sa belle chevelure blonde est enrichie de perles.

Cadre bois sculpté et doré ancien.

Toile. Haut., 1 m. 10 cent.; larg., 94 cent.

MOLENAER

400
1 50

41 — *Le Joyeux Festin.*

Cinq personnages sont attablés, vidant gaiement leurs verres ; d'autres paysans les regardent et s'amusent avec eux.

Bois. Haut., 50 cent.; larg., 65 cent.

MONNOYER (dit Baptiste)

2000
1 50

42 — *Jardinière remplie de superbes fleurs de toutes espèces.*

Roses, dahlias, chrysanthèmes, œillets, etc. Des pêches, raisins, melons jonchent la console sur laquelle est posée la jardinière.

Beau panneau décoratif ou dessus de porte.

Toile. Haut., 1 mètre ; larg., 1 m. 49 cent.

MORLAND (G.)

43 — *L'Heure de l'avoine.*

Venant à gauche, de la ferme dont les bâtiments s'étendent en perspective, le fermier en houppelande et coiffé d'un grand chapeau apporte le tamis d'avoine à deux beaux chevaux qui se reposent à l'ombre de grands arbres.

Tableau des plus agréables par sa tonalité harmonieuse.

Signé sur l'arbre et daté : 1792.

Toile. Haut., 1 m. 5 cent.; larg., 1 m. 35 cent.

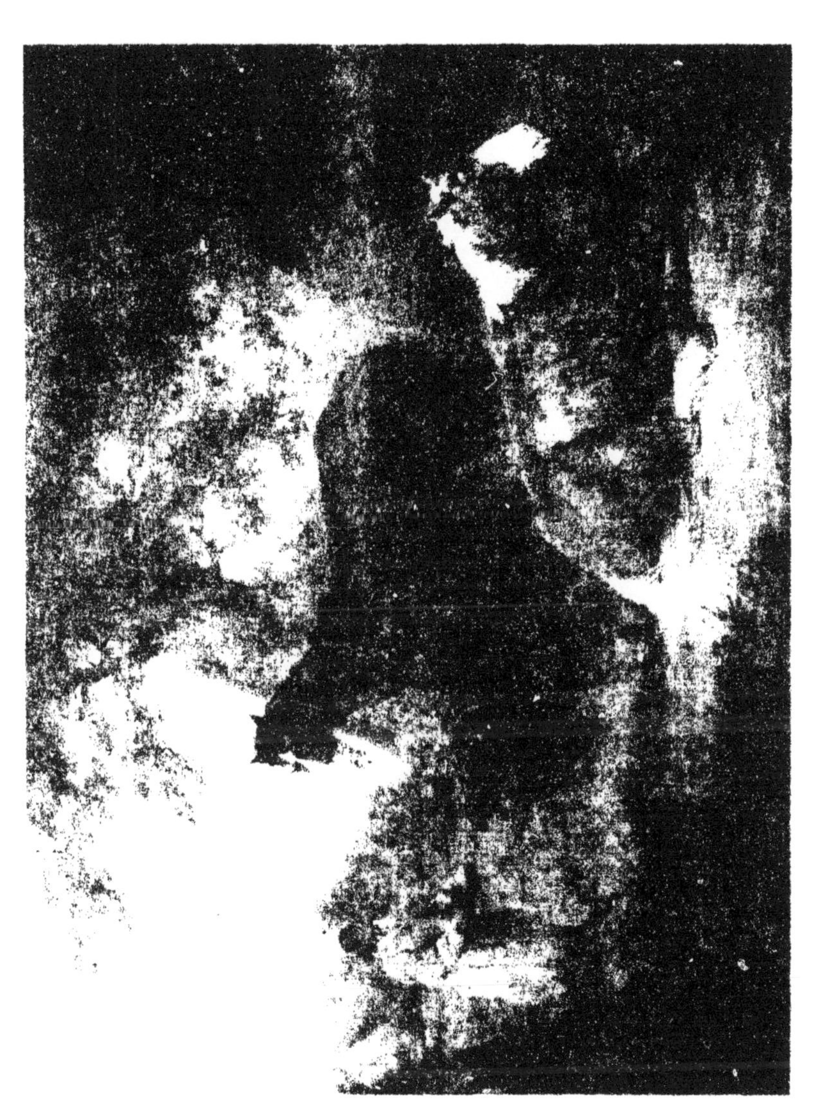

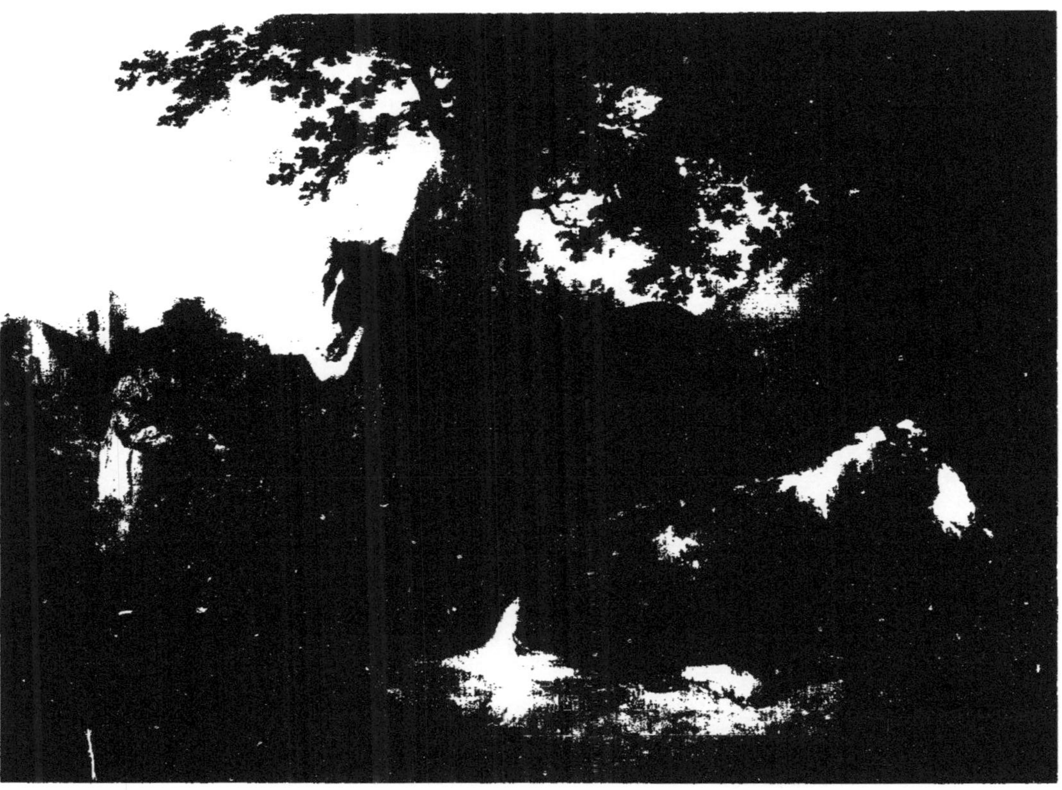

L'Heure de l'avenue de tir... — MORLAND

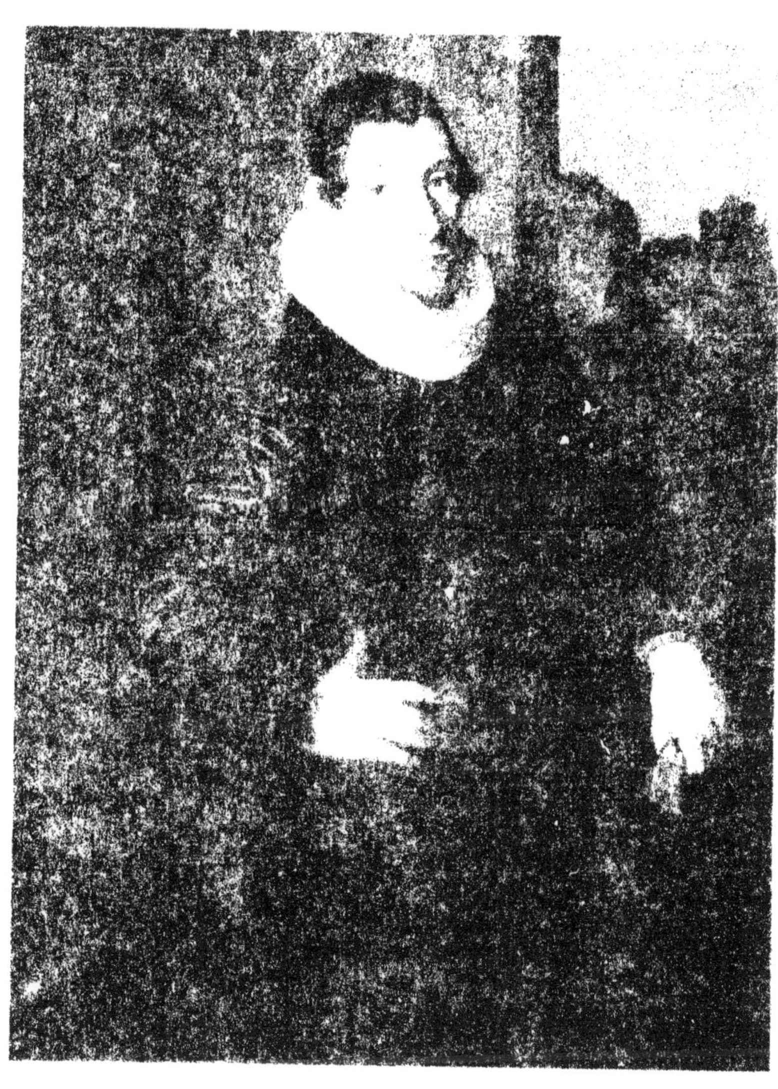

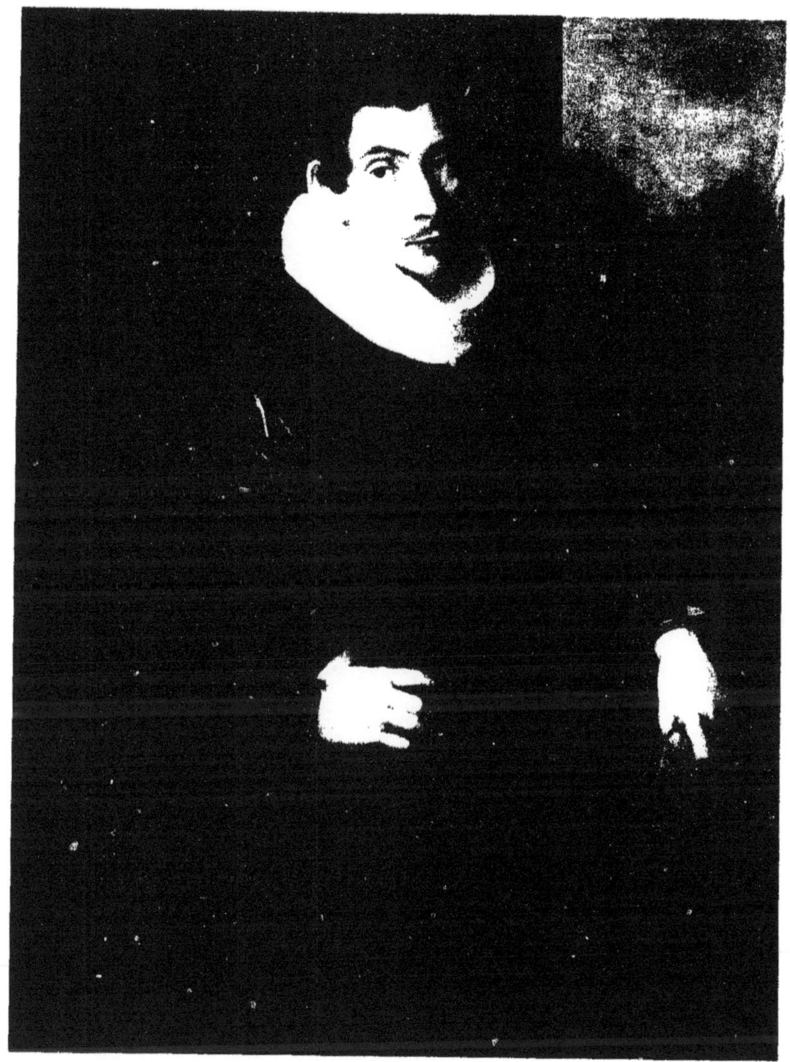

Portrait d'un seigneur vénitien, attribué à

J.-B MORONI

MORONI (Attribué à J.-B.)

44 — *Portrait de Seigneur vénitien.*

En costume de velours noir ciselé à collerette, tenant ses gants de la main gauche, regardant presque de face. A droite, on découvre un paysage animé de petits personnages.

Cadre ancien, bois peint en noir. Moulures dorées avec inscription.

Haut., 1 m. 10 cent.; larg., 83 cent.

VAN ORLEY (Attribué à BERNARD)

2000
850

45 — *L'Adoration des Rois Mages.*

Composition de six personnages, la plupart en riches costumes.

Bois. Haut., 55 cent. ; larg., 54 cent.

VAN OSTADE (Attribué à ISAAC)

120
45

46 — *La Mort du porc.*

Composition de plusieurs figures dans un intérieur rustique.
Cadre en bois doré.

Bois. Haut., 26 cent. ; larg., 21 cent.

REMBRANDT (École de)

47 — *Portrait présumé de la Mère de Rem-
brandt.*

Regardant vers la gauche, en robe noire garnie
de fourrure.

Cadre bois noir guilloché.

Bois. Haut., 20 cent.; larg., 15 cent.

ROSLIN

48 — *Portrait de Dame de qualité.*

En robe de soie bleu pâle à corsage décolleté en
carré, garnie de ruche avec nœud de soie rose, coiffure haute à la Lamballe, ornée d'un ruban de
soie rose.

Cadre bois doré.

Toile ovale. Haut., 74 cent.; larg., 60 cent.

STEEN (Attribué à Jean)

49 — *Le Maître d'école.*

2500

1.855

Mersch

Dans une grande salle éclairée par des fenêtres ogivales, les enfants assis et debout près d'une table suivent attentivement le bon vieux maître qui fait lire l'un d'entre eux habillé d'une blouse d'un bleu éclatant. Un autre, habillé de brun, coiffé d'un chapeau de feutre gris, écrit assis sur un banc, tenant son cahier sur ses genoux. Le maître, assis à droite sur une stalle, est habillé de noir et de fourrure.

Cadre bois sculpté et doré.

Toile. Haut., 73 cent.; larg., 61 cent.

STEEN (Attribué à JEAN)

50 — *Intérieur flamand*.

A droite, un jeune homme assis, une ménagère
qui arrive, un personnage dont on ne voit que la
tête au fond, s'amusent de voir un soldat et une
ribaude qui s'embrassent.

Toile. Haut., 55 cent.; larg.. 46 cent.

VAN STREEK (Attribué à JURIAN)

**51 — *Fruits, melon. citron moitié épluché, sur
un plat*.**

Toile. Haut., 74 cent.; larg.. 98 cent.

TENIERS (Attribué à David)

52 — *Les Racontars du village.*

> Devant une maison où une femme paraissant à la porte les observe, deux paysans et deux paysannes causent et rient; à gauche, un chien blanc tacheté de jaune aboie; à droite, au second plan, un paysan tournant le dos est arrêté devant un mur.
>
> Cadre bois sculpté et doré.
>
> Toile. Haut., 46 cent.; larg., 57 cent.

TENIERS (Attribué à David)

53 — *La Fête des Singes.*

> Dans une vaste cuisine, ils sont attablés, curieusement travestis, boivent, mangent des mets savoureux et délicats; d'autres, au fond, près des fourneaux, apportent des pâtisseries.
>
> Cuivre. Haut., 40 cent.; larg., 52 cent.

TENIERS (Le Vieux)

300
140

54 — *Le Chemin creux.*

> Trois paysans causent au milieu de la route bordée
> de talus ; à droite, on aperçoit des chaumières.

Toile. Haut., 37 cent.; larg., 49 cent.

TERBURG et Daniel SEGHERS

2000
1010

55 — *Portrait d'Homme.*

> Habillé de noir avec col blanc rabattu, la main
> droite sur la poitrine, regardant presque de face.
> Dans un grand cartouche sculptural enguirlandé de
> fleurs merveilleuses.

Toile. Haut., 92 cent.; larg., 74 cent.

VAN THIELEN

56 — *La Vierge et l'Enfant Jésus.*

Grisaille encadrée de fleurs suspendues à des
nœuds de rubans.
Signé à gauche.

Toile. Haut., 66 cent.; larg., 53 cent.

TIÉPOLO (Attribué à)

57 — *La Glorification du Christ.*

Composition de quinze figures.

Bois. Haut., 64 cent.; larg., 48 cent.

TOCQUÉ ou NATTIER (Attribué à)

58 — *Portrait de Claude Dilbert, cousin des de Belin.*

Représenté en buste, la tête tournée légèrement vers la gauche, perruque poudrée, habit de velours marron, gilet brodé d'or, cravate à jabot de dentelle.

On lit au revers : « Trouvé par M. le Comte de Pinto et de Villoza de Belin dans la maison mortuaire de la Vicomtesse Dauphine de La Roche, sa tante, morte à Marseille le 11 juin 1808. »

Toile. Haut., 56 cent.; larg., 46 cent.

VAN UDEN et TENIERS

59 — *Le Miracle de Saint Axelle.*

Bois. Haut., 22 cent.; larg., 32 cent.

VELASQUEZ (École de)

60 — *Portrait du Duc de Schleswig-Holstein.*

Représenté debout, grandeur nature jusqu'aux
genoux, en costume de velours gros bleu, garni de
passementeries d'or, avec col de dentelle, regardant de trois quarts vers la gauche, tenant de la
main droite son chapeau en feutre noir à plumes
blanches.

En haut, à gauche, se détachent les armes de la
famille et au-dessous on lit : ADOLPHVS DVX.

S. ETHOLSATI
.E. MDCXX.

Toile. Haut., 1 m. 31 cent.; larg., 1 m. 9 cent.

VÉLASQUEZ (École de)

61 — *Portrait d'Infante.*

Debout, s'appuyant de la main droite sur une chaise, de l'autre tenant son éventail fermé. En costume d'apparat, de moire rouge brodé d'or, légèrement décolleté, parée de joyaux. La coiffure ornée d'une plaque d'émeraudes, de rubans et de plumes.
Cadre ancien, bois sculpté et doré.

Toile. Haut., 1 m. 57 cent.; larg., 1 m. 2 cent.

VAN DE VELDE (Attribué à Adrien)

62 — *La Traite du lait.*

Pendant que la jeune fermière trait le lait de sa vache, un jeune berger assis près d'elle, s'appuyant sur une jatte, lui fait sa déclaration. Des animaux sont disposés dans le paysage.

Toile. Haut., 32 cent.; larg., 40 cent.

VAN DE VENNE (Attribué à)

63 — *Les Divertissements champêtres.*

Sous les frais ombrages d'un parc, des couples de seigneurs et grandes dames en élégants atours sont assis ou se promènent, devisant tendrement, s'accompagnant sur la mandoline.

Toile. Haut., 65 cent. ; larg., 76 cent.

VLIEGER (Simon de)

64 — *Voilier en pleine mer.*

Bois. Haut., 29 cent. ; larg., 39 cent.

VOS (Simon de)

65 — *Le Crucifiement.*

Composition de quinze figures. Cuivre.
Signé et daté : *1645.*
Cadre bois sculpté et doré, ancien.

WEENIX (J.-B.)

66 — *Gibier mort.*

Dans le parc d'un château dont l'élégante façade se voit en perspective à droite avec horizon très clair.

Signé à gauche en haut : J. B. W.

Toile. Haut., 1 m. 38 cent.; larg., 1 m. 11 cent.

WYCK (Thomas)

67 — *Le Vieux Philosophe.*

Assis devant ses bouquins et une tête de mort.

Toile. Haut., 34 cent.; larg., 32 cent.

ÉCOLE ALLEMANDE (xvie siècle)

68 — *Portrait du Comte de Hennererg.*

Représenté à mi-corps, tourné vers la gauche,
regardant presque de face, en pourpoint de velours
noir à collerette blanche, manteau de fourrure retenu
sur les épaules, tenant ses gants dans la main droite.

On lit en haut à droite :

V. G. G. Georg. Ernst. Furst. Vnd'Herrzv. Hennererg. ætat 73 anno *1583*.

Bois. Haut., 19 cent. ; larg., 13 cent.

ÉCOLE ALLEMANDE (xvie siècle)

69 — *Portrait d'un Savant.*

Regardant de face, le visage encadré d'une barbe
rousse, coiffé et habillé de noir avec transparents
rouges. Sur la table, devant laquelle il est assis, il
tient ouvert un livre à reliure rouge ; à côté, un
autre livre à reliure brune et un message fermé.

Bois. Haut., 80 cent. ; larg., 55 cent.

ÉCOLE ALLEMANDE (xvıᵉ siècle)

70 — *La Messe de Saint Grégoire*.

    Deux panneaux.

— *La Vierge et les Apôtres en prière devant l'Ascension du Christ*.

— *La Cène*.

    Deux panneaux.
    Suite de quatre tableaux provenant d'un retable.
    Cadres en bois doré.

              Bois. Haut., 90 cent.; larg., 54 cent.

ÉCOLE FLAMANDE (Fin du xvᵉ siècle)

71 — *Paysage montagneux*.

    Au bord du Rhin, une ville animée de nombreux personnages et d'animaux s'étend au pied des montagnes.

              Bois. Haut., 26 cent.; larg., 43 cent.

ÉCOLE FLORENTINE (xvᵉ siècle)

72 — *Un Apôtre tenant l'Évangile de la main
gauche et bénissant de la main droite.*

Quatre têtes de chérubins entourées d'auréoles
se détachent autour.

Peinture sur fond d'or.

Forme cintrée dans le haut.

Bois. Haut., 69 cent.; larg., 1 m. 41 cent.

ÉCOLE FRANÇAISE (xviiiᵉ siècle)

73 — *Portrait de Dame de la Cour.*

Représentée assise, regardant de face, en robe de
soie rouge garnie de passementerie d'or, à manches
courtes garnies de dentelle, le corsage un peu
décolleté, fermé par des nœuds de rubans de faille
blanche, tenant son manchon de velours bleu garni
de fourrure dans sa main droite, et dans sa main
gauche, gracieusement posée sur le manchon, elle
retient ses gants blancs. Coiffure à la poudre avec
dentelle noire posée en pointe.

Jolie facture, expression charmante.

Cadre ancien en bois sculpté et doré.

Toile. Haut., 92 cent.; larg., 72 cent.

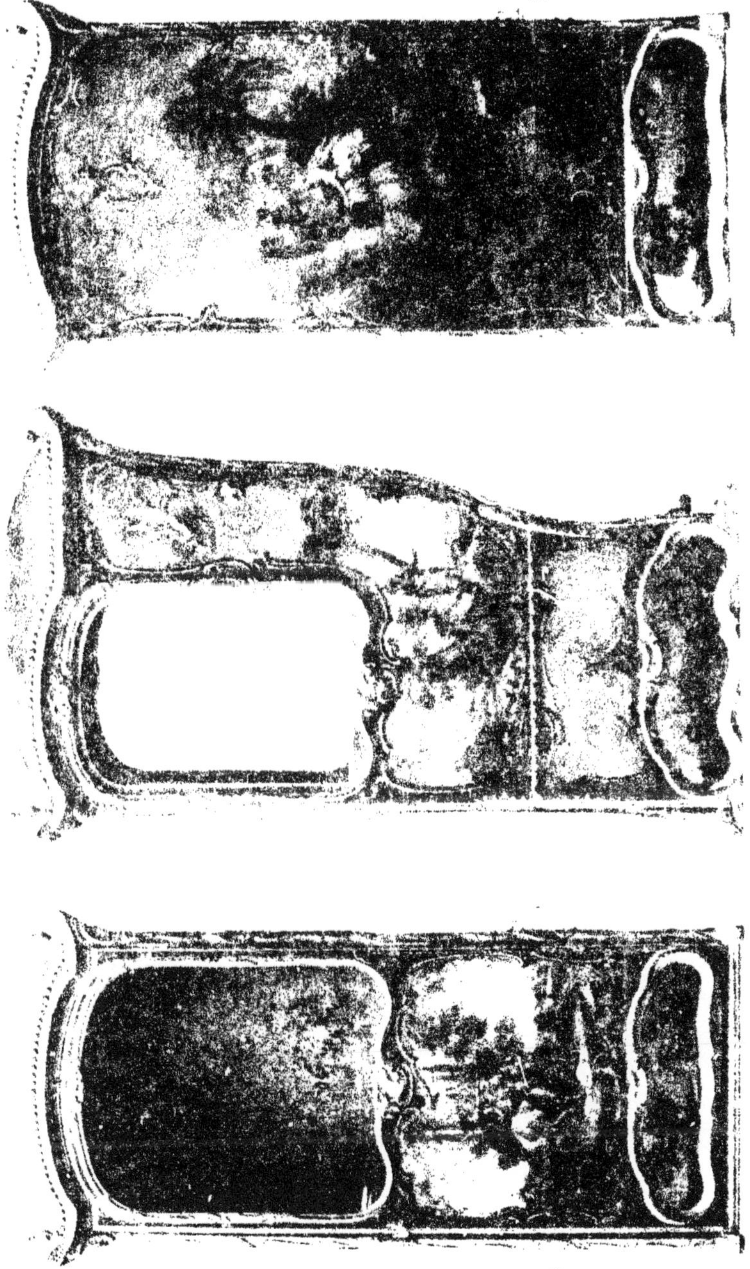

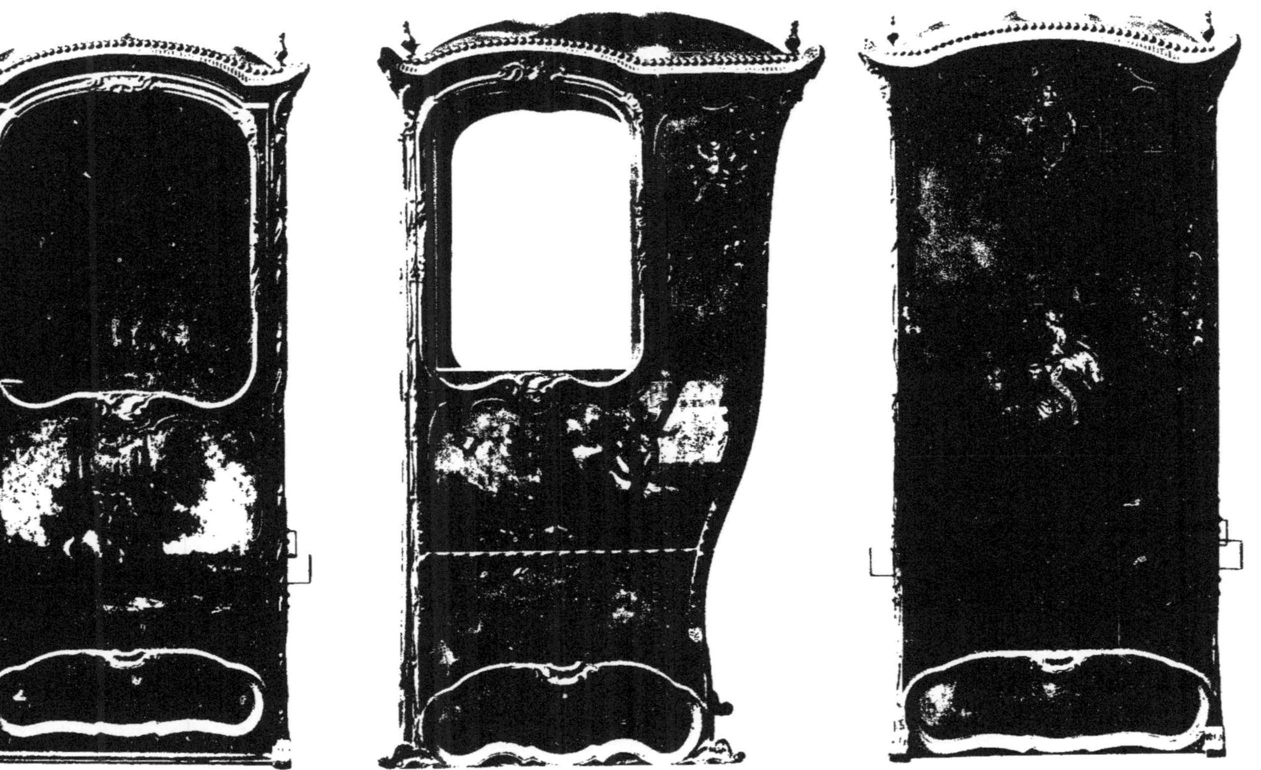

Chaise à porteurs. Peinture attribuée à J. B. LE PRINCE.

ÉCOLE FRANÇAISE

74 — *Portrait de Jeune Femme.*

En robe blanche légèrement décolletée, avec ceinture rouge, regardant presque de face ; ses longs cheveux, tombant en boucles sur ses épaules, sont retenus au sommet de la tête par deux rubans rouges.

Cadre en bois sculpté et doré.

Toile. Haut., 61 cent. ; larg., 50 cent.

ECOLE FRANÇAISE

75 — *Jambon sur un plat.*

Bouteille, verres, pain et couteaux sur une console.

Cadre en bois doré.

Toile. Haut., 72 cent. ; larg., 58 cent.

ÉCOLE VÉNITIENNE

76 — *Portrait d'Antonius Erizzo, Procureur de Saint Marc, en 1475.*

Debout, tourné vers la gauche, en robe rouge doublée et garnie d'hermine.

Inscription en haut à droite.

Cadre en bois et pâte dorée.

Toile. Haut., 1 m. 41 cent.; larg., 1 m. 12 cent.

77 — CHAISE A PORTEURS.

Chaise à porteurs, décorée de gracieuses compo-
sitions en camaïeu bleu attribuées à Le Prince, re-
présentant sur le devant un personnage à cheval en
costume Louis XV se faisant indiquer la route par
un paysan; sur les côtés et derrière, des Orientaux,
des Orientales et des Indiens groupés dans des pay-
sages et en haut des amours assis dans des nuages.
Derrière un blason aux armes des Médicis; mon-
tants et cage en bois sculpté et doré à rocailles.
Gainée à l'intérieur en velours du temps. XVIIIᵉ siècle.